Sabores de Gabriela

A culinária baiana de Isis Rangel

Sabores de Gabriela

A culinária baiana de Isis Rangel

Isis Rangel
Luciana Fróes

Editora Senac Rio – Rio de Janeiro – 2022

Sabores de Gabriela: a culinária baiana de Isis Rangel © Isis Rangel e Luciana Fróes, 2022.

Direitos desta edição reservados ao Serviço Nacional de Aprendizagem Comercial – Administração Regional do Rio de Janeiro.

Vedada, nos termos da lei, a reprodução total ou parcial deste livro.

Senac RJ

Presidente do Conselho Regional
Antonio Florencio de Queiroz Junior

Diretor Regional
Sergio Arthur Ribeiro da Silva

Diretor de Operações Compartilhadas
Pedro Paulo Vieira de Mello Teixeira

Diretor de Educação Profissional Interino
Claudio Tangari

Editora Senac Rio
Rua Pompeu Loureiro, 45/11º andar
Copacabana – Rio de Janeiro
CEP: 22061-000 – RJ
comercial.editora@rj.senac.br
editora@rj.senac.br
www.rj.senac.br/editora

Editora
Daniele Paraiso

Produção editorial
Cláudia Amorim (coordenação), Manuela Soares (prospecção), Andréa Regina Almeida, Gypsi Canetti e Michele Paiva (copidesque e revisão de textos), Priscila Barboza, Roberta Silva e Vinícius Silva (design)

Projeto gráfico e diagramação
Marcela Perroni/Ventura Design

Fotografia
Rodrigo Azevedo e Tatiana Coelho (assistente)

Direção de arte
Lou Bittencourt

Cerâmicas usadas nas fotos foram gentilmente cedidas por Alice Felzenszwalb.

Impressão
Imos Gráfica e Editora Ltda.

1ª edição
Agosto de 2022

Imagens de uso contratualmente licenciado, constantes da quarta capa e da orelha 1, das páginas 6 a 11 e 112 a 119, pertencem à Abobe Stock e são aqui utilizadas para fins meramente ilustrativos.

CIP-BRASIL. CATALOGAÇÃO NA PUBLICAÇÃO
SINDICATO NACIONAL DOS EDITORES DE LIVROS, RJ

R154s
  Rangel, Isis
    Sabores de Gabriela : a culinária baiana de Isis Rangel / Isis Rangel, Luciana Fróes. - 1. ed. - Rio de Janeiro : Ed. Senac Rio, 2022.
    120 p. ; 23 cm.
    ISBN 978-65-86493-67-2
    1. Gastronomia. 2. Culinária brasileira - Bahia. 3. Culinária - Receitas. I. Fróes, Luciana. II. Título.
22-78545
                      CDD: 641.5981
                      CDU: 641.568(81)

Gabriela Faray Ferreira Lopes – Bibliotecária – CRB-7/6643

À minha família e aos fiéis clientes e amigos. Vocês fizeram com que eu não desistisse. Por vocês, estou aqui.

Isis Rangel

Este livro é, acima de tudo, uma homenagem à boa comida baiana, mas é também uma celebração à amizade, às incontáveis tardes animadas em torno das delícias de Isis, das muitas rodadas de caipirinhas, de acarajés, beijus e bobós compartilhados, dos encontros felizes que seguem ainda em curso três décadas depois. Política, amores, dissabores, gargalhadas, não lembro de lugar mais apropriado para dividir alegrias que em uma mesa sob a guarda dessa baiana. As tristezas também. Se um ombro amigo já é um santo remédio, imagine vários e ainda temperados com dendê.

A Laura Martins, Luciana Castello Branco e Ray, a Osvaldo Emery (Dinho), Ana Breves, Regina Rocha Lima, Guga Casé, Antonio Leite Garcia, José Americo, Patricia Fróes, minha filha, e a meu neto Lino. E aos encontros sempre deliciosos.

Luciana Fróes

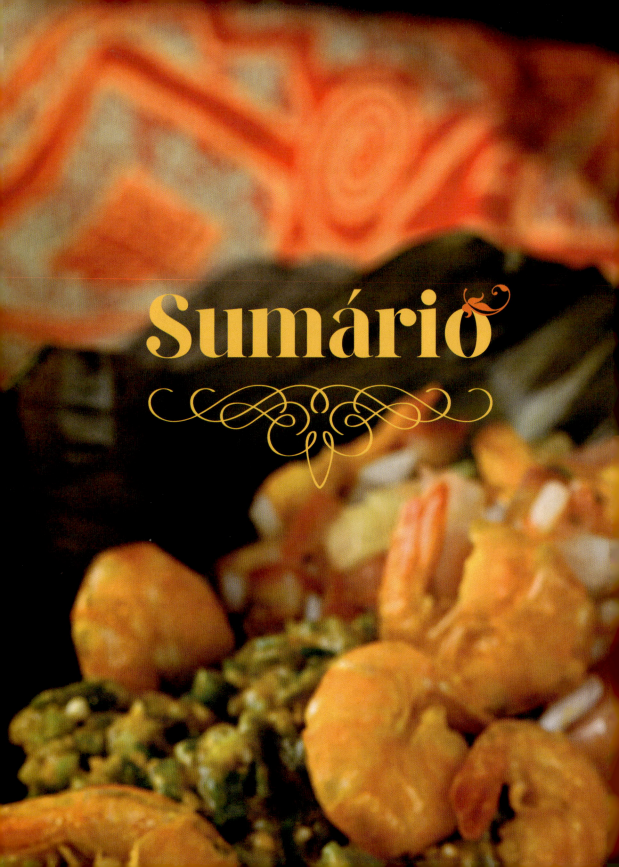

Sumário

Prefácio 15

Agradecimentos 18

Introdução 21

Entrada

Abará 33
Acarajé 35
Caldinho de camarão 37
Caldinho de sururu 37
Camarão empanado com molho
de maracujá 39
Casquinha de siri 41
Bolinho de carne seca 42
Patinhas de caranguejo 43
Tapioca de carne seca com queijo 45
Siri mole frito 46
Vinagrete de polvo 47

Prato principal

Arroz com mariscos 51
Bobó de camarão 53
Carne de sol 55
Fritada de bacalhau 57
Fritada de siri 59
Moqueca de camarão 61
Moqueca de lagosta 62
Moqueca de peixe 63
Moqueca de polvo 64
Moqueca de siri mole 65
Salada de frutos do mar 67
Salada de camarão 68
Salada de polvo 69
Vatapá com camarão 71
Xinxim de galinha 73

Acompanhamento

Acaçá 77
Farofa de dendê 79
Pimenta 81
Salada de feijão-fradinho 83

Sobremesa

Ambrosia 87
Bolinho de estudante 89
Bolo de fubá cremoso 91
Cocada branca 93
Cocada preta 93
Cocada de forno com calda de abacaxi ... 95
Cuscuz de tapioca 97
Quindim 99

Bebida

Batida de coco 103
Batida de pitanga 103
Caipi Gabriela 105
Caipi 3 limões 107
Caipi Nacib 107
Ilhéus 109

Índice de receitas 111

Prefácio

Eric Nepomuceno

No final de julho de 1983, e depois de dez anos e meio fora do Brasil, voltamos para o Rio. As saudades doíam: desse tempo todo, durante três anos e meio fui impedido de voltar.

Mas, enfim... Voltamos e nos instalamos num apartamento do pai de Martha, minha eterna namorada, na Avenida Nossa Senhora de Copacabana, quase em frente à 13ª Delegacia de Polícia.

Era uma graça de apartamento: um primeiro andar de fundos, ou seja, longe do barulho e de frente para o casarão do Consulado da Áustria, o que nos presenteava com uma vista límpida do mar.

Esse casarão já não existe. Cada vez que passo pela Avenida Atlântica e vejo o monstrengo que foi erguido sobre suas ruinas, sinto uma espécie de saudade, uma espécie de vazio.

Enfim, voltemos ao voltar: passado tanto tempo – mesmo que, depois de agosto de 1979, eu de vez em quando desse um pulo por aqui, aquelas vindas eram sempre corridas e muitas vezes complicadas –, havia muito a reencontrar e a descobrir.

Chegamos e nos instalamos em Copacabana. E num certo fim de tarde, alguém – possivelmente meu bom amigo baiano Antônio Torres, vizinho de bairro – me levou até a esquina onde havia o Siri Mole.

Foi, muito mais que uma descoberta, um alumbramento.

Em janeiro de 1984 nos mudamos para São Conrado, mas continuamos frequentando o Siri Mole. E era para lá que eu levava amigos estrangeiros que vinham ao Rio.

Lembro do grande poeta equatoriano Jorge Enrique Adoum, de uma elegância insuperável, mergulhando impávido num prato de acarajés. O editor argentino Daniel Divinski, o primeiro a publicar Vinicius de Moraes em seu país, virou admirador incondicional: numa semana passada no Rio foi lá cinco vezes. Eduardo Galeano, imenso escritor uruguaio, e sua companheira Helena Villagra se maravilhavam a cada descoberta.

Lembro também de meu fraterno amigo, o esplendoroso compositor cubano Silvio Rodríguez, perguntando atônito a Chico Buarque e a mim por que nossos dois países, tão imersos na cultura africana, não coincidiam na cozinha: em Cuba, lembrava ele com razão, a culinária mais tradicional é próxima da de Minas Gerais. Por que não à da Bahia?

Viajando muito, passei um tempinho sem voltar ao Siri Mole. E, quando fui certa noite de 2016, ele não existia mais. Uma perda tremenda.

Dois anos e tanto depois, nós morando há décadas no Jardim Botânico, vejo que foi aberto um pequeno e simpático restaurante de comida baiana, o Sabores de Gabriela, na nossa rua Maria Angélica.

Confesso que demoramos para ir até lá: a lembrança do Siri Mole fazia com que qualquer comparação fosse desastrosa.

Finalmente resolvemos arriscar. E foi um novo alumbramento: era igualzinho ao desaparecido templo da boa comida.

Viramos frequentadores assíduos, e levamos um bom tempo até saber a razão do milagre: Isis Rangel era a mesma superchef do Siri Mole. Pronto, tudo explicado.

Lá encontramos amigos, fizemos novos amigos. E voltei a ter uma séria divergência com Chico Buarque.

Se na juventude eu era mais Hemingway e ele mais Scott Fitzgerald, no Sabores de Gabriela Martha e eu somos da casquinha de siri, Carol e ele são do acarajé. Santa divergência! Em caso de debate, Martha e eu vamos de bobó de camarão.

Como diria meu bom amigo, o grande poeta chileno Fernando Alegria, que cometeu a indelicadeza de partir para sempre, quando chegarmos no Além esse bobó será nossa primeira refeição.

E teremos então a certeza de estar no Paraíso.

Agradecimentos

Agradeço a minhas filhas Erika, Maíra e Diana, que apreciam minha cozinha e o azeite de dendê desde meninas. Ao pai das minhas, Humberto Rangel, e a meus netos Matheus, Catarina, Sofia, Beatriz e Vinicius.

A meus pais, agradeço o incentivo; aos amigos, o apoio. Aos clientes baianos, cariocas e do mundo, meu muito obrigada!

Agradeço a Danuza Leão, Ana Cristina Reis, Lu Lacerda e Renato Machado os artigos elogiosos que tanto me ajudaram. E à Luciana Fróes, que me deu o prazer de dividir comigo este livro.

A minha conterrânea Ana Benvinda, que sempre me socorre com ingredientes baianos na hora do sufoco, minha eterna gratidão.

Gratidão ainda a meu amigo Leonel da Rocha, que já não está mais aqui, mas que segue em meu coração. Dono do Bargaço, referência de cozinha baiana no país.

Obrigada a minha sócia Agda Pereira, que acreditou e apostou nessa aventura que se alonga há três décadas.

Agradeço ainda a todos os meus funcionários que seguem comigo nessa jornada. Em especial a Pilar, que deixou o Peru, sua terra natal, para virar praticamente uma baiana.

À arquiteta Julinha Serrado, a sintonia fina dos projetos que criou, e ao amigo Roberto Agnes, a providencial parceria de sempre.

A meus orixás, que não me deixam na mão.

Saravá!

Isis Rangel

Obrigada Daniele Paraiso, Manuela Soares e Cláudia Amorim, parceiras da Editora Senac Rio, por abraçarem esse projeto com a mesma alegria e disposição que todos nós. E Marcela Perroni, pelo projeto gráfico certeiro.

Obrigada Rodrigo Azevedo, fotógrafo, e Lou Bittencourt, produtora de arte, pela presteza e pelo empenho de, em apenas três dias, realizarem as fotos que ilustram esta obra. Todas lindas. Craques!

Obrigada a Isis Rangel, que não só abriu as portas de seu apartamento para as rodadas de fotos (e viu sua sala de cabeça para baixo) como também preparou pessoalmente cada um dos pratos.

Há momentos na vida da gente em que tudo conspira a favor. Lançar *Sabores de Gabriela* é um deles.

Luciana Fróes

Introdução

Luciana Fróes

Ela já cozinhou para Mick Jagger, sim, dos Rolling Stones. Aliás, alimentou a banda inteira durante a turnê que os músicos ingleses fizeram pelo Brasil. E o sucesso das comidinhas baianas foi tamanho que o furgão do restaurante que abastecia o camarote precisou fazer três vezes o percurso Copacabana-Maracanã para repor o bufê.

O chef francês Pierre Troisgros, patriarca do clã Troisgros, foi outro notável fisgado pelos sabores da Bahia: se fartou de pimenta-biquinho, que não conhecia, e de caipirinha de caju, outra novidade na vida desse chef genial.

Emocionante, gratificante, inesquecível? Sem dúvida, mas nada que se compare ao que Isis Rangel, essa chef baiana de Canavieiras, que está completando 30 anos de Rio de Janeiro, sentiu em uma tarde de verão carioca, ensolarada e quente, quando viu adentrar a porta do Siri Mole & Cia. nada menos que... Jorge Amado. Lá estava, em carne e osso, o "pai" de *Gabriela, cravo e canela*, um dos nomes mais expressivos da literatura brasileira. E com fome. Suas pernas não bambearam porque a baiana é dura na queda, mas a chef confessa que seu coração deu "saltos olímpicos". E o escritor baiano não chegou sozinho. Veio acompanhado de outros grandes nomes da literatura nacional, como João Ubaldo e Dias Gomes. Glória para qualquer cozinheiro do mundo, imagina para uma baiana radicada no Rio... O ilustre grupo havia ido ao Siri para celebrar a entrada de João Ubaldo na Academia Brasileira de Letras, almoço que de tão festivo e gostoso acabou virando jantar. E dá-lhes acarajés, bijus, bobó, moquecas, abará, caruru, vatapá, sururu, cocada branca, preta... Um autêntico banquete baiano cinco estrelas.

Depois desse encontro abençoado por Deus e por Nosso Senhor do Bonfim, a casa ainda voltou a ser palco de outros momentos antológicos. Conta Isis: "Eu ligava para o Dias Gomes, com quem nem tinha tanta intimidade, e, na maior cara de pau, convidava ele para trazer todos os velhinhos da ABL para comerem no meu restaurante. Ele ria da minha abordagem e respondia com bom humor: 'Olha, Dona Isis, os velhinhos eu não garanto, não, mas os imortais mais jovens como eu, o Amado e o Ubaldo, aceitamos de bom grado. Pode nos aguardar'."

A receita de sucesso de Isis, que tem um "Pitágoras" escondido no meio do sobrenome, passa por muitos caminhos. Ela é formada em Economia em Salvador, é ex-funcionária pública e passou boa temporada vivendo em Lima, no Peru. Foi parar lá acompanhando

Humberto Rangel, o pai de suas três filhas: Diana, Erika e Maíra. Com esse mesmo formato familiar, tempos depois, viveram todos na África do Sul, em Johanesburgo. Foi nessa estada que o prazer em cozinhar aflorou de vez.

Isis com frequência recebia para grandes almoços: "Os ingredientes vinham todos da Bahia e eu fazia bom uso dos maravilhosos peixes peruanos. Eram sempre um sucesso. Todos os convidados me cobravam novos encontros que acabavam acontecendo." E, assim, ela foi tomando gosto: "Em uma noite dessas de comilança, enquanto preparava o bobó, senti um aviso, como se um tambor ecoasse dentro de mim me chamando: essa é minha vocação, ser cozinheira. Esse é o caminho que devo tomar. Coisa de baianos, sabe como é que é..."

Em Lima, Isis teve a sorte de contratar uma cozinheira peruana que amava a culinária baiana e que mostrava o maior interesse em aprender todas as receitas. E aprendeu bem. Além disso, tinha grande habilidade para tirar as casquinhas do feijão-fradinho, de fazer a massa e de moldar os bolinhos. É Pilar, amiga da família, que volta e meia pode ser vista vestida de baiana fritando acarajés pelas festas organizadas por Isis.

De volta ao Brasil, com Pilar junto, foram todos morar em Copacabana. E o projeto de abrir um restaurante seu, de cozinha baiana,

Isis e as filhas Erika, Maíra e Diana

foi ganhando força. Só queria que fosse perto de casa, para conciliar com a rotina familiar. Na porta da escola de uma das filhas conheceu Agda Pereira. Conversa vai, conversa vem, viraram sócias – uma parceria que duraria mais de duas décadas.

Achar um bom ponto em Copacabana não foi tarefa das mais fáceis. Isis era novata na cidade, não mantinha elos com profissionais do ramo e, daí, ninguém dava dicas de algum local em vias de fechar, de um imóvel prestes a ser esvaziado. Foi tudo na marra mesmo, o que exigiu muita bateção de perna pelo bairro. Foram meses de andanças e frustrações até que, finalmente, Isis esbarrou com um prédio pequeno, de esquina, que lhe pareceu sob medida para o que imaginara. O prédio abrigava um boteco e bastou uma boa lábia baiana para que ela arrematasse o ponto.

A brisa que vinha de um lado do mar de Copacabana e do outro, do mar de Ipanema, bateu como sinal de bons fluidos, novos ares em sua vida. E havia ainda a insolação na loja, que era tudo que ela sonhava: "É aqui", voltou a soar o tambor.

O passo seguinte foi mostrar às filhas o CEP do futuro Siri Mole & Cia. Só mostrar, porque o negócio já estava sacramentado, fechado e com firma reconhecida. Não havia mais volta. Erika, sua filha mais velha, lem-

Da esquerda para a direita: Erika, Isis, Diana e Maíra

Netos de Isis, da esquerda para a direita: Sofia, Catarina e Matheus

Isis e os netos Beatriz e Vinicios

bra do susto que levou quando se deparou com o imóvel "perfeito": "Minha mãe, isso é uma loucura, não vai dar certo."

E não é que deu? A loja virou pó. Não sobrou tijolo sobre tijolo. Quebraram paredes, substituíram fiações, revestimento, pintura, construíram um mezanino e ainda ficaram com mais um andar do prédio para acomodar o administrativo do restaurante. Foram mais de 365 dias de obra até que, no dia 2 de fevereiro (poderia ser outra data?) de 1990, o Siri Mole finalmente nasceu. Era ano do governo Collor e foi preciso rodar muito a baiana para o negócio não azedar e seguir em frente. Mas ela tem santo forte. Acarajés, carurus e bobós já haviam transformado Isis em outra pessoa:

"Eles fizeram de mim o que eu sou hoje. Não me imagino vivendo de outra maneira. Me reinventei como cozinheira e dona de restaurante para sempre."

A casa estava pronta, a cozinha montada, tudo azeitado no dendê. Só não havia cliente. Para o Siri deslanchar, era preciso um empurrão. Foi quando Isis e Agda fizeram uma parceria com um cartão de crédito de bandeira forte, uma promoção com preços convidativos. Funcionou! O Siri Mole entrou na roda, o público apareceu e o restaurante deslanchou.

Mas cozinhar e receber em casa é uma coisa, tocar uma cozinha de restaurante já é outra bem diferente. Não basta saber cozinhar. Requer prática e muito mais. Isis resolveu então

Da esquerda para a direita: Isis Rangel, João Ubaldo Ribeiro e Agda Maria Pereira

Da esquerda para a direita: Isis Rangel, Agda Maria Pereira e Jorge Amado

ir para Salvador fazer uma imersão na cozinha do Bargaço, na época um dos mais importantes restaurantes de cozinha baiana do país. O dono, Leonel da Rocha, era um grande amigo e recebeu-a para uma espécie de estágio nas internas. Saiu doutorada em gestão de cozinha e de salão: "Eu sabia cozinhar, estava acostumada a receber para banquetes em casa, mas restaurante tem outra dinâmica de cozinha, tem a questão do desperdício, as regras impostas pela vigilância sanitária, a presteza do serviço... Baiano já tem fama de lento. Eu não podia errar nessa."

O outro "impulso" foi espontâneo, o famoso boca a boca do bem. Jornalistas passaram a elogiar a casa e colunistas como Danuza Leão, Renato Machado, Hildegard Angel publicavam notas favoráveis ao novo espaço. Assim, a boa fama do Siri Mole foi se consolidando: "Danuza foi das pessoas que mais me ajudaram profissionalmente. Volta e meia abria o jornal e lá estava na coluna dela alguma referência simpática sobre a minha cozinha. E o Siri lotava."

Confere! Na ocasião da vinda dos Rolling Stones, Danuza chegou a atribuir o sucesso da performance da banda à cozinha do Siri. "Talvez o dendê tenha contribuído para o mais espetacular show feito pelo grupo desde que chegou ao Brasil", escreveu no dia seguinte ao show.

O jornalista Renato Machado, sempre exigente, tecia louros à casa. Certa vez, queixando-se dos excessos praticados na execução dos pratos brasileiros no Rio, enalteceu a "correção" dos servidos no Siri Mole: "Onde encontrar mais pratos bem executados como os servidos na simpática esquina de Isis e Agda?"

A cozinha do Siri Mole & Cia. sempre foi elegante e delicada. Um de seus maiores trunfos foi Isis ter adequado as receitas aos hábitos do carioca. Coisas simples, mas que faziam enorme diferença. Os acarajés chegavam empratados, servidos com garfo e faca. Com isso, ninguém precisava abrir bocão ou ter suas roupas respingadas de temperos. O dendê, sempre de qualidade, costumava ser usado com parcimônia. Pimentas também, sempre na medida. O camarão seco, no lugar do já salgado na Bahia, onipresente nos boxes do Mercado Modelo de Salvador, Isis preparava (e prepara!) na própria cozinha da casa: compra os camarões frescos diariamente, salga e deixa-os curtindo no forno sem pressa nenhuma, à moda baiana. O resultado? Fica bem mais suave na boca. Com a carne de sol, segue a mesma prática: compra a peça de picanha de qualidade e salga. É carne de sol suculenta, curada sem ser ressecada, das melhores do Rio. "A comida não vem castigada com leite de coco, como às vezes acontece por aqui", elogiou João Ubaldo, que elegeu Siri Mole o seu restaurante baiano no Rio.

Durante a Cimeira, o megaencontro sediado no Rio durante o governo de Fernando Henrique Cardoso, que reuniu os chefes de Estado da América Latina e Caribe e da União Europeia, foi Isis quem cuidou do almoço servido no Itamaraty para as primeiras-damas. Foi a primeira vez na história que o cerimonial brasileiro incluiu um cardápio à base de pratos brasileiros: "Fiz salada de cavaquinha no bafo com vinagrete à base de limão, salada de frutos do mar, mo-

Isis Rangel

queca de lagosta com farofa de dendê e arroz, fritada de bacalhau, que poucos sabem, mas é um prato típico da Bahia, e acarajé, muito acarajé. Com a ajuda da Agda, que é mineira, servimos tutu de feijão, frango ao molho pardo com creme de milho verde... Foi um sucesso."

Consagrado, premiado e disputado, quando o restaurante completou 10 anos de bons serviços prestados, passou por grande reforma. Chamaram a arquiteta Julinha Serrado para remoçar o ambiente. Durante as obras, uma ideia foi surgindo à medida que as paredes vinham ao chão e o espaço era remanejado.

Vamos a ela. Grudado no Siri Mole funcionava uma loja especializada em, acredite se quiser, produtos contra baratas. Era uma simples portinha, apinhada de mercadorias, parede com parede com o restaurante. O Siri estava a salvo de qualquer inseto, mas Isis e Agda não saberiam o que fazer caso o estabelecimento fechasse e outro tipo de negócio ocupasse o lugar. A preocupação era que um novo ocupante pudesse atrapalhar o restaurante: "Não podíamos correr esse risco."

Como a cozinha do Siri Mole era muito próxima à loja, surgiu então a ideia de fazer do espaço vizinho um "filhote" do Siri. Para isso, teriam que convencer o proprietário a passar o ponto para elas. Com uma mesma cozinha, tocariam os dois negócios simultaneamente. Após muita conversa e acarajés, elas conseguiram e, em ínfimos 20 metros quadrados de área, instalaram ali a Toca do Siri, a versão boteco da dupla, que caiu no gosto do carioca. "Servíamos os mesmos pratos do restaurante, mas com preços menores porque já saíam da cozinha empratados. Não usávamos travessas, até porque não caberiam nas mesas. Não havia toalha de mesa; tudo ali era mais simples e menos custoso, mas o cardápio era praticamente igual, com uma carta de bebidas reforçada. A Toca, na verdade, era uma calçada onde tudo acontecia. Eram clientes bem-vestidos bebericando ao lado da turma vinda da praia."

Da esquerda para a direita: Luciana Fróes, Lou Bittencourt e Isis Rangel

A Toca acomodava 24 pessoas sentadas que iam ali comer carne de sol em cubinhos (para caber na mesa), miniacarajés, beijus de siri sequinhos e tapiocas recheadas, muitas delas com carne de caranguejo, minha preferida. E muito cravinho, caipirinhas de pitanga, de caju, de cajá, sempre servidas gélidas.

Com 30 anos de profissão, Isis acumula histórias deliciosas. Como a vez que foi convidada para cozinhar em um festival gastronômico na Ilha de Malta. Recheou a mala de insumos baianos, entre eles os potes da cocada preta que seria servida de sobremesa. Ao desembarcar, porém, ficou retida no aeroporto. A polícia desconfiou daquela goma negra, que foi confundida com pasta de cocaína. Foram horas de negociação até a "perigosa" carga ser liberada.

Em outra ocasião, contratada por um banqueiro famoso para levar suas baianas para os jardins da mansão, na hora "h" uma delas "deu bolo" e não apareceu. Isis não pensou duas vezes: amarrou o turbante na cabeça, vestiu a saia de babados e passou a noite toda fritando os acarajés cheia de guias no pescoço. E de salto alto.

Com o chef francês Roland Villard, nos tempos em que ele chefiava o Le Pré Catelan, encarou o desafio de assinar o menu Axé-Santé, uma mescla de comida baiana com francesa. Teve de tudo, até tarte tatin com frutas brasileiras, a sensação. "Foi ela quem me apresentou a cozinha brasileira, quem me levou a pesquisar os sabores amazônicos, a descobrir a riqueza dos feijões brasileiros. Com os dois, os ingredientes da Amazônia e os feijões, criei os meus menus de maior sucesso de crítica", diz Villard.

Há tempos Isis alimentava a vontade de escrever um livro de culinária brasileira. "Sempre quis mostrar, por meio de meus pratos, sabores e temperos, essa mistura maravilhosa de negro, branco, índio. Mas que ele não fosse nada muito burocrático, de lista de ingredientes e modo de preparo. Queria algo mais afetuoso porque acredito que tudo passa pelo afeto. Uma receita feita com gosto só pode sair gostosa. Quando algum iniciante me pergunta qual é o segredo para um restaurante dar certo, respondo que é fundamental que ele encare o negócio como extensão da casa. Tem que cuidar dos cantinhos da sala, da toalha da mesa, da pintura das paredes. É a nossa casa, só que em dia de festa, onde temos que ser bons anfitriões."

Procurei fazer bom uso dos ensinamentos dessa grande mestre cuca baiana e amiga de vida: escrever suas histórias com todo o meu afeto e carinho. Das mais de 40 receitas que estão aqui reunidas, tive o privilégio de provar boa parte delas, seja à mesa do primeiro Siri Mole, do segundo, Toca do Siri, e agora no novo, Sabores de Gabriela, no Jardim Botânico, outro acerto da chef. Falo com conhecimento de causa e de efeito: são maravilhosas.

Sabores de Gabriela é um livro para ficar à mão na cozinha, perto das panelas, respingado até, se for o caso. É para ser consultado a qualquer hora, ter suas receitas reproduzidas e compartilhadas com os amigos. Mesão, mesinha, não importa; fundamental é que sejam feitas com prazer. Como diz sabiamente nossa chef baiana, receita feita com gosto sai gostosa. Levo fé. Bom proveito!

Aline Nascimento, Isis Rangel e
Fernanda Assunção

Entrada

Abará

> RENDIMENTO: 30 PORÇÕES PEQUENAS

Ingredientes

150 g de camarão seco defumado
100 g de castanha de caju
1/2 xícara de água
1 kg da massa de feijão-fradinho (mesma massa usada para fazer acarajés – ver página 35)
100 ml de azeite de dendê natural
2 colheres (sopa) de cebola ralada
Sal a gosto

Modo de preparar

Bata no liquidificador os camarões secos e a castanha com a água.

Depois de bem batidos, acrescente a massa do feijão-fradinho, temperada com cebola e sal, e o azeite de dendê.

Misture tudo para obter uma massa uniforme. Se estiver muito encorpada, coloque um pouco mais de água.

Corrija o sal, enrole na folha de bananeira já tratada e cozinhe em banho-maria por cerca de 40 minutos ou até os bolinhos estarem escurecidos.

As folhas de bananeira, para serem usadas nos abarás, têm de estar maleáveis. Para isso, passe no fogo ligeiramente ou em água fervente. Corte em quadrados e use.

Os abarás têm os mesmos acompanhamentos dos acarajés: caruru, vatapá, saladinha e camarão seco e pimenta.

Acarajé

RENDIMENTO: 30 PORÇÕES PEQUENAS

Ingredientes

1 kg de feijão-fradinho
1 cebola
Sal a gosto
1 l de azeite de dendê

Modo de preparar

Quebre o feijão e tire a casca e o olho depois de deixá-lo de molho por 30 minutos, aproximadamente. Em seguida, moa o feijão no nível mais fino do moedor ou use um processador para obter a massa do acarajé. Na hora da fritura, tempere a massa do feijão com a cebola ralada e o sal, e bata bem com a colher de pau até obter consistência fofa de bolo.

Faça bolinhos individuais de aproximadamente 50 g com a ajuda de uma colher e frite-os no azeite de dendê previamente aquecido.
Acrescente, para rechear, vatapá, camarão seco, salada temperada com cebola, tomate e coentro (opcional) picados e a pimenta.

O acarajé, prato de Iansã, é feito diariamente em toda a Bahia. A partir das 16 h, seu perfume invade as ruas de Salvador e, nos fins de semana, a partir das 10 h, é possível provar o quitute por todo o litoral baiano. O acarajé pode ser servido "quente" (com muita pimenta) ou "frio", com pimenta em quantidade normal para consumo. Quente ou frio, o bolinho é sempre bom.

Caldinho de camarão

Caldinho de camarão

RENDIMENTO: 500 ML

Ingredientes

1 cebola média picada
2 tomates médios picados, sem semente
60 ml de azeite de oliva
400 ml de água ou caldo de cabeça de camarão
100 ml de leite de coco
Sal a gosto
1 ramo de coentro picado
1 colher (sopa) de extrato de tomate
350 g de camarão descascado e limpo

Modo de preparar

Refogue a cebola e os tomates no azeite de oliva. Em seguida, adicione a água (ou caldo de cabeça de camarão), o leite de coco, sal, coentro e extrato de tomate, misturando levemente.
Aguarde ferver, acrescente o camarão e deixe por 2 minutos.

O caldinho de camarão sempre esquenta a alma e, no frio, todo o corpo.

Caldinho de sururu

RENDIMENTO: 500 ML

Ingredientes

500 g de sururu
2 cebolas médias picadas
100 ml de azeite de oliva
500 ml de água
100 ml de leite de coco
1 colher (sopa) de extrato de tomate
Sal a gosto
30 g de coentro picado

Modo de preparar

Lave o sururu e reserve.
Em outra panela, refogue a cebola no azeite, acrescente a água, o leite de coco, o extrato de tomate, o sal e, por último, o sururu.
Deixe ferver por 5 a 10 minutos.
Sirva com o coentro picado.

O caldo de sururu, segundo os baianos, é afrodisíaco. Não é preciso dizer mais nada...

Camarão empanado
com molho de maracujá

RENDIMENTO: 6 PORÇÕES

Ingredientes
Molho
2 maracujás
5 pimentas-malaguetas
500 g de açúcar
500 ml de água
Sal a gosto

Camarão
500 g de camarão médio descascado
200 g de farinha de trigo
2 ovos
200 g de farinha de rosca
Sal a gosto
Óleo de soja ou similar

Modo de preparar
Molho
Bata no liquidificador a polpa do maracujá com as pimentas, o açúcar e a água.
Leve ao fogo baixo e deixe cozinhar em ponto de fio.
Retire do fogo e reserve.
Se necessário, acrescente um pouco mais de água e sal.

Camarão
Passe os camarões já limpos na farinha de trigo, depois nos ovos mexidos e na farinha de rosca, temperados com sal.
Frite os camarões na frigideira com óleo suficiente e quente, retire do fogo e deixe-os descansar no papel-toalha para absorver um pouco da fritura.
Sirva com o molho apimentado de maracujá.

Esses camarões são tira-gostos certeiros.

Casquinha de siri

RENDIMENTO: 10 PORÇÕES

Ingredientes

3 cebolas médias picadas
200 ml de azeite de oliva
500 g de tomate sem pele e sem caroço
1 ramo de coentro picado a gosto
2 colheres (sopa) de extrato de tomate
Sal a gosto
1 kg de siri catado
200 ml de leite de coco
200 ml de água

Modo de preparar

Refogue a cebola no azeite até ficar transparente.
Em seguida, junte o tomate, o coentro picado, o extrato de tomate e o sal.
Acrescente o siri catado, o leite de coco e a água. Se necessário, adicione um pouco mais de água e deixe cozinhar em fogo brando até a mistura ficar encorpada, sem muito caldo.

Sirva com limão, farofinha de dendê e pimenta.

Bolinho de carne seca

> **RENDIMENTO: 20 PORÇÕES**

Ingredientes

20 g de alho picado
100 g de cebola
50 g de manteiga
2 kg de aipim (cozido e amassado)
1 kg de carne seca (cozida e desfiada)
30 g de salsa
200 g de queijo parmesão
100 g de farinha de rosca
1 l de óleo

Modo de preparar

Refogue o alho e a cebola na manteiga.
Adicione todos os outros ingredientes
e faça bolinhos.
Frite-os no óleo aquecido a 160 °C.

Bolinho de carne seca com cerveja gelada ou caipirinha sempre vai muito bem...

Patinhas de caranguejo

RENDIMENTO: 10 PORÇÕES

Ingredientes

1 l de água
Sal a gosto
Azeite de oliva a gosto
1/2 cebola média picada
1/2 tomate picado
1/2 ramo de coentro picado
1 dúzia de patas de caranguejo escaldadas e sem casca

Modo de preparar

Em água fervente, adicione o sal, o azeite, a cebola, o tomate e o coentro.
Em seguida, acrescente as patinhas de caranguejo e cozinhe por 3 minutos.
Deixe escorrer e sirva-as acompanhadas de molho tártaro ou molho vinagrete.

As patinhas de caranguejo são ótimos aperitivos. Acompanhadas de caipirinha ou batida de pitanga ficam perfeitas.

Tapioca
de carne seca com queijo

RENDIMENTO: 1 PORÇÃO

Ingredientes

100 g de goma de mandioca
1 pitada de sal
20 ml de água
20 g de carne seca dessalgada e desfiada
10 g de queijo coalho ralado

Modo de preparar

Peneire a goma, tempere com a pitada de sal e acrescente a água, aos poucos, deixando-a úmida.

Em fogo brando, coloque a tapioca na frigideira, distribuindo-a por igual, até cobrir o fundo da panela.

Deixe aquecer por alguns minutos e posicione cuidadosamente o recheio (a carne seca polvilhada com o queijo ralado) em um dos lados.

Com ajuda de uma espátula, feche a tapioca e sirva.

Na Bahia, a tapioca é bem-vinda a qualquer hora, mas, no café da manhã, "é de lei", como dizem os baianos.

Siri mole frito

RENDIMENTO: 8 PORÇÕES

Ingredientes

500 ml de óleo de soja
1 kg de siri mole
Sal a gosto
1 cabeça de alho picado e frito

Modo de preparar

Aqueça o óleo em uma frigideira e adicione, cuidadosamente, o siri mole temperado com sal. Deixe fritar até dourar (por cerca de 6 a 8 minutos).

Em seguida, coloque-os em papel-toalha apenas para retirar o excesso de óleo.

Sirva o siri mole polvilhado com o alho frito.

Siri mole é uma iguaria única, apreciada em toda Salvador e por todos que já tiveram a oportunidade de prová-lo.

Vinagrete de polvo

RENDIMENTO: 500 ML

Ingredientes

1 polvo de 2 kg
1 cebola média picada
3 tomates picados, sem semente
1 ramo de coentro picado
100 g de azeitona preta portuguesa
100 ml de azeite de oliva
1 limão
Sal a gosto
Folhas de alface, para servir

Modo de preparar

Corte o polvo, já cozido, em rodelas finas e reserve.

Misture em um recipiente, para fazer o vinagrete, os demais ingredientes: cebola, tomate, coentro picado e azeitona, e acrescente o azeite e o suco de limão.

Prove e ajuste o sal.

Para servir, adicione folhas de alface como base e o vinagrete por cima do polvo.

Para cozinhar o polvo, ferva água em uma panela com uma cebola média inteira, um ramo de coentro e um fio de azeite de oliva. Com a água fervendo, mergulhe o polvo três vezes, dando um choque térmico, e depois deixe cozinhar por 1 hora, aproximadamente. Assim você garante um polvo macio e saboroso.

Prato principal

Arroz com mariscos

RENDIMENTO: 6 PORÇÕES

Ingredientes

150 ml de azeite de oliva
3 cebolas picadas
3 ramos de coentro
4 tomates picados
800 g de mariscos pré-cozidos: lagosta, camarão, polvo e mexilhão
1 pimentão vermelho picado
1 pimentão verde picado
3 ramos de cebolinha
150 ml de leite de coco
Sal a gosto
500 g de arroz de grão longo cozido
Cebolinhas picadas e alguns mariscos inteiros para decorar

Modo de preparar

Refogue em azeite as cebolas, o coentro e os tomates até que dourem.

Acrescente os mariscos e o restante dos temperos e, em seguida, o leite de coco, e deixe cozinhar em fogo baixo até a mistura ficar úmida.

Corrija o sal e reserve os mariscos com caldo suficiente até que fiquem submersos.

Adicione o arroz já cozido e sirva no próprio recipiente decorado com cebolinhas picadas e alguns mariscos inteiros.

Sirva o arroz de marisco bem molhadinho.

Frutos do mar e mariscos são a mesma coisa. Geralmente eles apresentam uma concha ou carapaça, como nos crustáceos e moluscos.

Bobó de camarão

RENDIMENTO: 6 PORÇÕES

Ingredientes

Camarão
1 kg de camarões frescos e limpos (médios)
1 limão grande
100 ml de água
Sal a gosto
1 dente de alho
100 ml de azeite de dendê

Bobó
100 ml de azeite de oliva
1 kg de cebolas grandes cortadas em cubos
1 kg de tomate cortado em cubo
1 ramo de coentro
1 kg de aipim descascado e cozido
500 ml de caldo de camarão
100 ml azeite de dendê
300 ml de leite de coco

Modo de preparar

Camarão
Os camarões descascados devem ser lavados em uma salmoura de limão, água e sal, e, em seguida, temperados com alho.
Refogue ligeiramente no azeite de dendê e reserve, sem cozinhá-los.

Bobó
Em uma panela grande com o azeite de oliva, coloque a cebola, o tomate e o coentro. Acrescente o aipim cozido e cortado em cubos grandes, o caldo do camarão, o azeite de dendê e o leite de coco e deixe por 5 minutos em fogo brando, até as cebolas e os tomates estarem cozidos.
Depois de frio, passe tudo no liquidificador ou processador. Se ficar muito grosso, use um pouco mais do caldo de camarão até atingir consistência pastosa.
Acrescente os camarões já refogados em azeite. Tampe a panela e deixe por 2 minutos em fogo baixo.
Adicione um pouco mais do azeite de dendê caso queira realçar o colorido.
Sirva acompanhado de arroz branco.

O bobó tem de ficar pastoso, mas não consistente demais.

Carne de sol

RENDIMENTO: 6 PORÇÕES

Ingredientes

300 g de sal fino
1 peça de picanha
50 ml de manteiga de garrafa
2 cebolas cortadas em rodelas

Modo de preparar

Passe o sal em toda a picanha e deixe descansar por 1 dia.

Dessalgue-a e corte em fatias generosas.

Em uma frigideira, coloque a manteiga de garrafa e a cebola em rodelas até dourar. Reserve.

Em seguida, leve a carne ao fogo e deixe dourar dos dois lados.

Sirva a carne junto com a cebola.

A carne de sol acebolada, cortada em cubos, fica ótima como tira-gosto, acompanhada de uma caipirinha de caju.

Fritada de bacalhau

RENDIMENTO: 6 PORÇÕES

Ingredientes

500 g de bacalhau dessalgado
1 kg de batatas cozidas
2 cebolas grandes picadas
150 ml de azeite de oliva
1 xícara (café) de tomates picados sem semente
1 xícara (café) de coentro
1 xícara (café) de pimentões picados
1 xícara (café) de azeitonas verdes picadas
(sem caroço)
Farinha de trigo para polvilhar
5 ovos batidos

Modo de preparar

Cozinhe o bacalhau e, na mesma água,
cozinhe as batatas.
Desfie o bacalhau e reserve.
Amasse as batatas com o espremedor e, em
seguida, refogue as cebolas no azeite até
ficarem transparentes.
Coloque o tomate, o coentro, o pimentão e
deixe-os cozinhar em fogo baixo por 5 minutos.

Fora do fogo, acrescente as batatas já
amassadas, o bacalhau desfiado e cozido e as
azeitonas.
Com uma colher de pau, mexa até a mistura
ficar cremosa. Se necessário, acrescente mais
azeite de oliva ou um pouco de água para a
mistura ficar bem cremosa.
Em um pirex untado com azeite e polvilhado
com farinha de trigo, coloque a mistura do
bacalhau e cubra com os ovos batidos.
Leve ao forno por 20 minutos até dourar.
Decore com tomates e cebolas em rodelas.

*O bacalhau é herança portuguesa e aqui
o baiano acrescentou o coentro e o leite de coco
para transformá-lo em fritada.*

Fritada de siri

RENDIMENTO: 6 PORÇÕES

Ingredientes
1 xícara de cebolas picadas
150 ml de azeite de oliva
1 ramo de coentro
1 xícara (café) de tomates picados sem pele e sem caroço
160 ml de leite de coco
1 kg de siri bem catado
3 ovos inteiros batidos
Farinha de trigo para polvilhar

Modo de preparar
Refogue as cebolas no azeite até ficarem transparentes.
Em seguida, acrescente o coentro, os tomates e o leite de coco. Por último, o siri catado.
Se necessário, acrescente um pouco de água e deixe cozinhar em fogo brando até a mistura ficar enxuta, retirando-a do fogo.
Acrescente 1/3 dos ovos batidos à mistura do siri e coloque em um pirex untado e polvilhado com farinha de trigo.
Cubra com o restante dos ovos de maneira uniforme.
Decore com rodelas de tomate e cebola e leve ao forno até dourar.

 *Sirva com arroz branco.*

Moqueca de camarão

RENDIMENTO: 6 PORÇÕES

Ingredientes

1 kg de camarão descascado e limpo
550 ml de água
50 ml de limão
4 tomates maduros
3 cebolas médias
1 ramo de coentro
300 ml de leite de coco
100 ml de azeite de dendê
Sal a gosto
Limão a gosto

Modo de preparar

Lave o camarão em uma salmoura de água e limão e escorra.

Bata no liquidificador os tomates, as cebolas e parte do coentro com 50 ml de água até formar um caldo grosso. Reserve.

Coloque em uma panela de barro o molho, o leite de coco, o azeite de dendê, o sal e limão a gosto.

Deixe cozinhar por aproximadamente 10 minutos, acrescente em seguida o camarão, algumas rodelas de tomate e cebola e deixe cozinhar por mais 3 minutos. Por último, coloque o restante do coentro e sirva ainda fervendo.

O camarão é muito sensível. Não pode passar do ponto, pois fica duro e perde o sabor. Bater a cebola, o tomate e o coentro deixa o caldo da moqueca mais grosso e saboroso. O azeite de dendê deve ser adicionado antes de a moqueca ir ao fogo.

Moqueca de lagosta

RENDIMENTO: 6 PORÇÕES

Ingredientes
4 tomates maduros
3 cebolas médias
300 ml de leite de coco
100 ml de azeite de dendê
Sal a gosto
50 ml de limão
600 g de lagosta (carne de lagosta)
Coentro a gosto

Modo de preparar
Bata no liquidificador o tomate e a cebola, até formar um caldo grosso. Reserve.
Coloque em uma panela o molho, o leite de coco, o azeite de dendê, o sal e o suco do limão. Deixe cozinhar por aproximadamente 10 minutos, acrescente em seguida a lagosta, rodelas de tomate e cebola, e deixe cozinhar por mais 5 minutos.
Por último, coloque o coentro.

 *Sirva a moqueca ainda fervendo.*

Moqueca de peixe

RENDIMENTO: 6 PORÇÕES

Ingredientes

600 g de peixe em posta
(aproximadamente 4 postas)

Salmoura

2 limões
100 ml de água
Sal a gosto

Moqueca

4 tomates maduros
3 cebolas médias
Coentro a gosto
50 ml de água
300 ml de leite de coco
100 ml de azeite de dendê
Sal a gosto
50 ml de limão

Modo de preparar

Coloque o peixe já cortado em uma salmoura de limão, água e sal durante 15 minutos. Reserve.

Bata no liquidificador o tomate, a cebola e um pouco de coentro com a água até formar um caldo grosso. Reserve.

Coloque em uma panela parte do molho batido e cubra com o leite de coco, o azeite de dendê, o sal e o suco do limão.

Acrescente tomate e cebola em rodelas e deixe cozinhar por 10 minutos. Por último, coloque o restante do coentro e sirva ainda fervendo.

A salmoura de limão com sal adiciona sabor ao peixe e retira o cheiro de maresia. Bater a cebola, o tomate e o coentro deixa o caldo da moqueca mais grosso e saboroso. O azeite de dendê deve ser adicionado antes de a moqueca ir ao fogo.

Moqueca de polvo

RENDIMENTO: 6 PORÇÕES

Ingredientes

4 tomates maduros
3 cebolas médias
100 ml de água
600 g de polvo (cozido)
300 ml de leite de coco
100 ml de azeite de dendê
Sal a gosto
50 ml de limão
1 ramo de coentro

Modo de preparar

Bata no liquidificador o tomate, a cebola e a água até formar um caldo grosso. Reserve. Coloque em uma panela o polvo e o molho batido, o leite de coco, o azeite de dendê, sal e limão.

Acrescente rodelas de tomate e cebola e deixe cozinhar por aproximadamente 10 minutos. Por último, coloque o coentro e sirva ainda fervendo.

Para cozinhar o polvo, ferva água em uma panela com uma cebola média inteira, um ramo de coentro e um fio de azeite de oliva. Com a água fervendo, mergulhe o polvo três vezes, dando um choque térmico, e depois deixe cozinhar por 1 hora, aproximadamente. Assim você garante um polvo macio e saboroso.

Moqueca de siri mole

RENDIMENTO: 6 PORÇÕES

Ingredientes

600 g de siri mole

Salmoura

100 ml de água
Sal a gosto
1 limão

Moqueca

4 tomates maduros
3 cebolas médias
1 ramo de coentro
100 ml de água
300 ml de leite de coco
100 ml de azeite de oliva
1 limão
100 ml de azeite de dendê
Sal a gosto

Modo de preparar

Coloque o siri mole em uma salmoura de água, sal e suco de limão. Escorra e transfira para uma panela.

Bata no liquidificador o tomate, a cebola e metade do coentro com um pouco de água e acrescente a mistura ao siri mole.

Junte o leite de coco, o azeite de oliva, o suco de limão, 3 rodelas de cebola, 3 rodelas de tomate, o restante do coentro, picado e, por último, o dendê. Ajuste o sal.

Ferva por 10 a 15 minutos.

Sirva acompanhado de arroz branco e farofa de dendê.

Salada de frutos do mar

RENDIMENTO: 6 PORÇÕES

Ingredientes

500 ml de água
200 ml de azeite de oliva
2 cebolas pequenas
1 tomate sem sementes
2 ramos de coentro
200 g de camarão
200 g de lagosta
200 g de filé de peixe
200 g de polvo
50 ml de vinagre
Sal a gosto
100 ml de água
1 cebola ralada
Folhas de alface para decorar

Modo de preparar

Em uma panela, coloque água e 50 ml do azeite de oliva. Adicione rodelas de cebola, de tomate e parte do coentro e deixe ferver. Coloque os camarões e retire-os assim que estiverem rosados. Reserve.

Em seguida, coloque a lagosta e o peixe cortado em cubos e deixe cozinhar por cerca de 3 minutos. Deixe esfriar.

Junte o polvo já cozido e cortado e tempere com o restante do azeite de oliva, o vinagre, o restante do coentro, picado, sal, um pouco de água e 1 cebola ralada. Misture tudo e acrescente aos mariscos.

Sirva montada com as folhas de alface frescas.

Para cozinhar o polvo, ferva água em uma panela com uma cebola média inteira, um ramo de coentro e um fio de azeite de oliva. Com a água fervendo, mergulhe o polvo três vezes, dando um choque térmico, e depois deixe cozinhar por 1 hora, aproximadamente. Assim você garante um polvo macio e saboroso.

Salada de camarão

> RENDIMENTO: 6 PORÇÕES

Ingredientes

2 pés de alface da preferência
1 kg de camarão descascado e limpo
200 ml de azeite de oliva
100 g de cebola ralada
Sal a gosto
1 limão

Modo de preparar

Lave bem as folhas e reserve.
Coloque os camarões para cozinhar por
5 minutos ou até ficarem rosados e deixe
esfriar.
Tempere com a mistura de azeite, cebola,
sal e suco de limão.

Os camarões não podem ser muito cozidos para não endurecerem nem perderem o sabor.

Salada de polvo

RENDIMENTO: 6 PORÇÕES

Ingredientes

100 g de folhas
2 l de água
50 ml de azeite de oliva
1 ramo de coentro
2 cebolas médias
2 kg de polvo (cozido e cortado em rodelas de 2 cm)
50 ml de vinagre
Sal a gosto
1 limão

Modo de preparar

Lave bem as folhas e reserve.
Para cozinhar o polvo, prepare uma panela com água, um fio de azeite, coentro e 1 cebola inteira (a quantidade de cebola varia de acordo com o peso do polvo a ser cozido).
Após levantar fervura, coloque o polvo, dando um choque térmico.
Cozinhe-o por mais ou menos 1 hora.
Deixe esfriar e tempere com a mistura de azeite, 1 cebola ralada, vinagre, sal e suco de limão. Caso a mistura fique muito ácida, coloque um pouco de água.
Tempere o polvo e sirva com as folhas.

O polvo também pode ser levado para a panela de pressão. Nesse caso, ficará cozido em aproximadamente 15 minutos.

Vatapá com camarão

RENDIMENTO: 8 PORÇÕES

Ingredientes

500 g de pão dormido
600 g de cebola
200 g de tomate
60 g de castanha de caju torrada
300 g de camarão seco sem casca e sem cabeça
2 colheres (sopa) de coentro picado
250 ml de leite de coco puro
1 l de caldo de camarão
200 ml de azeite de dendê
2 colheres (sopa) de azeite de oliva
10 ml de gengibre ralado (opcional)

Modo de preparar

Em uma tigela grande, coloque o pão em pedaços, a cebola e o tomate também em pedaços, as castanhas previamente picadas e os camarões secos, o coentro, o leite de coco e o caldo de camarão.
Deixe repousar até o pão amolecer e a mistura ficar pastosa. Leve ao processador ou liquidificador e, se necessário, coloque mais caldo de camarão, até atingir consistência fina e pastosa, sem deixar que fique aguado.

Leve ao fogo junto com o azeite de dendê e o azeite de oliva, mexendo sempre com uma colher de pau.
Deixe ferver por aproximadamente 1 hora, até que a mistura atinja a consistência de purê. Se for o caso, acrescente o gengibre ralado.
O vatapá serve para acompanhar o acarajé e outros pratos da culinária baiana.

Vatapá é o prato de Oxum, orixá vaidosa e considerada a mais bela. Vive enfeitada e reúne todas as características da feminilidade. É também muito gulosa.

Xinxim de galinha

RENDIMENTO: 6 PORÇÕES

Ingredientes

1 kg de frango (perna, coxa e peito)
2 limões
3 dentes de alho
Sal a gosto
3 cebolas médias
4 tomates
1 ramo de coentro
250 g de camarão seco
100 g de castanha de caju
200 ml de azeite de oliva
100 ml de azeite de dendê
150 ml de leite de coco

Modo de preparar

Marine o frango no preparo de suco de limão, alho amassado e sal por 30 minutos.

Bata no liquidificador as cebolas, os tomates, o coentro e os camarões secos e as castanhas.

Coloque azeite de oliva e metade do azeite de dendê em uma panela funda, junte o molho batido, o frango e, em fogo brando, deixe cozinhar até o frango amolecer.

Acrescente o leite de coco ao cozimento do frango, formando um caldo grosso. Se necessário, acrescente um pouco de água para o caldo não secar.

Antes de desligar o fogo, coloque o restante do azeite de dendê para ativar o colorido.

Desligue o fogo em seguida e sirva.

O sabor do xinxim de galinha faz muito mais sucesso que a aparência do prato pronto.

Acaçá

RENDIMENTO: 4 PORÇÕES

Ingredientes

300 ml de água
Sal a gosto
100 ml de azeite de oliva
200 g de creme de arroz
100 ml de leite de coco

Modo de preparar

Leve a uma panela a água, o sal e o azeite de oliva e deixe ferver.
Adicione o creme de arroz e o leite de coco e deixe engrossar até adquirir a consistência de mingau.

O creme de arroz de acaçá, como não é temperado, é sempre servido com um prato que leve azeite de dendê, de modo a contrabalançar o sabor dos pratos.

Farofa de dendê

RENDIMENTO: 10 PORÇÕES

Ingredientes

150 ml de azeite de dendê
1 cebola
1 kg de farinha de mandioca

Modo de preparar

Em uma frigideira, coloque o azeite de dendê e a cebola cortada em rodelas. Refogue até ficar douradinha.
Em seguida, adicione a farinha de mandioca, mexendo sempre, até conseguir um colorido amarelo e homogêneo.
Esta farofa acompanha a comida baiana em geral.

A boa farofa de dendê é aquela que não fica muito úmida. Ela precisa ficar sequinha. Essa farinha fica colorida do amarelo brilhante do dendê.

RENDIMENTO: 20 PORÇÕES

Ingredientes
200 g de pimenta-malagueta madura
30 g de camarão seco
Sal a gosto
100 ml de óleo de soja
100 ml de azeite de dendê (suficiente para deixar o molho pastoso)

Modo de preparar
Em um liquidificador, bata todos os ingredientes menos o dendê (pimenta, camarão seco, sal e óleo de soja).
Leve ao fogo o azeite de dendê e junte a pasta da pimenta.
Deixe cozinhar por 15 minutos.

O azeite de dendê e a pimenta madura deixam o molho com uma bonita cor avermelhada.

Salada de feijão-fradinho

RENDIMENTO: 6 PORÇÕES

Ingredientes

500 g de feijão-fradinho
1 l de água
Sal a gosto
2 tomates médios picados
2 cebolas médias picadas
1 molho de coentro picado
Azeite de oliva a gosto
1 limão

Modo de preparar

Coloque o feijão-fradinho, a água e o sal em uma panela e deixe cozinhar em fogo médio por aproximadamente 20 minutos ou até ficar *al dente*. Reserve em uma travessa.

Para o molho vinagrete, misture o tomate, a cebola, o coentro, o azeite de oliva e o suco de limão. Em seguida, misture no feijão e sirva frio.

O ponto ideal do feijão é al dente, *assim, evita-se que ele desmanche durante a mistura com vinagrete.*

Sobremesa

Ambrosia

RENDIMENTO: 6 PORÇÕES

Ingredientes

300 g de açúcar
200 ml de água
Cravos-da-índia a gosto
Pedaços de canela a gosto
3 gemas
2 claras
1 l de leite fresco com gotas de limão

Modo de preparar

Em uma panela, coloque o açúcar, a água, os cravos e a canela.

Leve ao fogo, mexendo com colher de pau, até o açúcar se dissolver. Sem mexer mais, deixe ferver até obter uma calda rala, sem chegar ao ponto de fio.

Enquanto isso, bata as gemas e as claras até obter uma mistura espumante. Acrescente o leite já talhado e jogue na calda fervente do açúcar, mexendo com delicadeza para não desfazer os gomos que se formarem.

Cozidos os ovos, retire-os com cuidado, transferindo-os para uma compoteira.

Ferva a calda por mais alguns minutos para apurar e despeje por cima dos ovos.

Sirva fria.

Para fazer a ambrosia, é ideal um leite de vaca puro.

Bolinho de estudante

> RENDIMENTO: 8 PORÇÕES

Ingredientes

1 xícara de leite de coco
1 xícara de leite de vaca
1 xícara de açúcar
1 pitada de sal
2 xícaras de tapioca granulada
Óleo (para fritar)
30 g de canela
Açúcar a gosto (para polvilhar)
Água (se necessário)

Modo de preparar

Em uma panela, esquente o leite de coco, o leite de vaca, o açúcar e o sal. Mexa bem para o açúcar dissolver nos leites.

Coloque a tapioca granulada em uma tigela e adicione a mistura acima.

Deixe a tapioca hidratar por 5 minutos, misturando bem.

Enrole a massa em forma de croquete.

Frite no óleo quente.

Escorra os bolinhos no papel-toalha e passe-os na mistura de canela e açúcar.

Se a tapioca não estiver hidratada o suficiente (amolecida), coloque um pouco de água.

Em Salvador os bolinhos de estudante são conhecidos também pelo nome de "punhetinhas".

Bolo de fubá cremoso

> RENDIMENTO: 12 PORÇÕES

Ingredientes

4 ovos
4 xicaras de leite
3 xícaras de açúcar
2 colheres (sopa) de margarina
1/5 de xícara de amido de milho
1 xícara de fubá
1 colher (sopa) de fermento em pó
1 xícara de coco ralado
1/2 xícara de queijo ralado

Modo de preparar

Bata no liquidificador todos os ingredientes.
Coloque a mistura em uma fôrma retangular
(pequena) untada e enfarinhada.
Leve ao forno médio preaquecido, por cerca
de 50 minutos.
Corte em quadradinhos.

*O bolo de fubá é fácil e, com café,
é uma ótima pedida.*

Cocada branca

RENDIMENTO: 8 PORÇÕES

Ingredientes

500 g de açúcar fino
2 xícaras de água
1 coco grande ralado fino, sem casca
5 cravos-da-índia

Modo de preparar

Misture o açúcar e a água em uma panela, leve
ao fogo e deixe ferver até obter uma calda rala.
Tire do fogo, acrescente o coco ralado
e volte a cozinhar em fogo brando por cerca
de 15 minutos ou até a calda alcançar o
ponto de fio.
Tire do fogo e deixe esfriar.
Por último, acrescente os cravos.

*A cocada branca pode ser cremosa ou mais
consistente, para ser servida em pedaços.*

Cocada preta

RENDIMENTO: 8 PORÇÕES

Ingredientes

700 g de rapadura puxa ou melado de cana
2 xícaras de água
1 xícara de manteiga
500 g de coco fresco ralado sem casca
1 xícara de lascas grandes de coco

Modo de preparar

Dissolva a rapadura (ou o melado), a água e a
manteiga no fogo.
Em seguida, coloque o coco ralado e as lascas
e deixe cozinhar até atingir ponto cremoso.

*A cocada preta pode ficar mais consistente,
dependendo do tempo de cozimento.*

Cocada de forno

com calda de abacaxi

RENDIMENTO: 8 PORÇÕES

Ingredientes

Cocada

6 ovos inteiros
1 colher (sopa) de manteiga
500 g de coco seco em pedaços
400 ml de leite integral
200 ml de leite de coco
2 latas de leite condensado
Manteiga e farinha de trigo (para untar a fôrma)

Calda

400 g de açúcar
400 ml de água
1 abacaxi picado em cubos

Modo de preparar

Cocada

Primeiramente bata no liquidificador os 6 ovos. Em seguida, acrescente os demais ingredientes e bata até obter uma mistura homogênea.
Unte uma assadeira baixa com manteiga e farinha de trigo.
Despeje a mistura na assadeira e leve ao forno por 40 minutos ou até o palito sair limpo depois de espetado na cocada.

Calda

Em fogo baixo, adicione o açúcar e deixe derreter até ficar caramelizado. Em seguida, adicione a água e misture com o abacaxi cortado em pedacinhos.
Deixe ferver até a calda ficar encorpada. Corte a cocada em pedaços e, na hora de servir, jogue a calda por cima. Sirva quente.

Essa cocada pode ser servida com a bola de sorvete de sua preferência.

Cuscuz de tapioca

RENDIMENTO: 6 PORÇÕES

Ingredientes
500 g de tapioca
1 xícara de açúcar
1,3 l de leite
1 coco médio ralado
1 lata de leite condensado

Modo de preparar
Coloque a tapioca junto com o açúcar em uma travessa.
Esquente o leite e despeje por cima dessa mistura.
Deixe a tapioca hidratar e, quando começar a formar uma pasta, coloque metade do coco ralado. Deixe descansar.
Quando esfriar, espalhe o restante do coco ralado por cima.
Sirva com leite condensado.

O leite condensado é opcional.

RENDIMENTO: 35 PORÇÕES INDIVIDUAIS
OU 1 QUINDIM ENFORMADO GRANDE

Ingredientes
750 g de coco ralado
1,5 kg de açúcar
2 colheres (sopa) de manteiga
24 gemas de ovos

Modo de preparar
Misture bem o coco ralado e o açúcar. Abra um vão bem no meio da mistura e acrescente a manteiga derretida. Em seguida, acrescente as gemas uma a uma. Delicadamente, sem bater, remexa de baixo para cima e deixe a mistura descansar por 15 minutos.
Leve ao fogo em banho-maria ou fôrma untada e polvilhada com farinha de trigo.
O tempo previsto para cozimento é de mais ou menos 40 minutos. Quando cozidos, os quindins ficam firmes e dourados. Para o quindim grande, o tempo de cozimento seria de aproximadamente 3 horas.
Desenforme morno. Nunca quente ou frio.

Esse doce é de origem portuguesa, e sua tradição foi mantida pelas freiras dos conventos nordestinos e transmitida às baianas há gerações.

Batida de coco

RENDIMENTO: 1 TAÇA PEQUENA

Ingredientes
75 ml de cachaça branca ou vodca
70 ml de leite de coco
50 ml de leite condensado

Farofinha de coco queimado
200 g de coco ralado
100 g de açúcar
Gelo a gosto (para servir)

Modo de preparar
Coloque a cachaça, o leite de coco e o leite condensado no liquidificador e bata rapidamente.

Farofinha de coco queimado
Coloque em uma frigideira o coco e o açúcar, cozinhe em fogo baixo, mexendo sem parar até formar uma farofinha seca de cor marrom claro. Reserve.

Sirva com gelo e polvilhe a farofinha de coco por cima.

Batida de pitanga

RENDIMENTO: 1 TAÇA PEQUENA

Ingredientes
75 ml cachaça branca ou vodca
70 ml de suco de pitanga
Açúcar a gosto
Gelo (para servir)

Modo de preparar
Coloque os ingredientes no liquidificador e bata rapidamente.
Sirva com bastante gelo.

Caipi Gabriela

RENDIMENTO: 1 COPO PARA CAIPIRINHA

Ingredientes

Xarope de canela
200 ml de água
400 g de açúcar
3 paus de canela

Caipi
80 g de frutas vermelhas (*mix* congelado de morango, amora, framboesa, mirtilo)
75 ml de cachaça envelhecida em amburana
10 ml de xarope de canela (ver modo de preparar ao lado)
Suco de 1/2 limão-siciliano
Folha de hortelã (para enfeitar)
Gelo (para servir)

Modo de preparar

Xarope de canela
Em uma panela, coloque a água e o açúcar (a proporção é sempre 2 pra 1).
Cozinhe em fogo brando, sem deixar ferver, até dissolver o açúcar.
Desligue o fogo, quebre em pedaços os paus de canela e coloque-os nesse xarope.
Tampe e deixe em infusão por aproximadamente 20 minutos. Coe e guarde em um recipiente de vidro.

Caipi
Coloque todos os ingredientes na coqueteleira e mexa vigorosamente.
Acrescente gelo e decore com uma folha de hortelã.

Caipi 3 limões

RENDIMENTO: 1 COPO PARA CAIPIRINHA

Ingredientes
75 ml de cachaça branca ou vodca
1/2 limão-taiti
1/2 limão-siciliano
1/2 limão-galego
Rapadura ralada
Gelo (para servir)

Modo de preparar
Coloque todos os ingredientes na coqueteleira
e bata vigorosamente.
Sirva com gelo.

Caipi Nacib

RENDIMENTO: 1 COPO PARA CAIPIRINHA

Ingredientes
1 caju
1/2 limão-taiti
75 ml de cachaça branca
Gelo
Topo do caju (para enfeitar)

Modo de preparar
Corte o caju inteiro em cubos, reservando o
topo para decorar.
Coloque na coqueteleira os cubos de caju, o
suco do limão-taiti, a cachaça e o gelo.
Bata vigorosamente e sirva.

Ilhéus

RENDIMENTO: 1 COPO BAIXO REDONDO

Ingredientes
1/2 limão
Cacau em pó (para polvilhar a borda)
75 ml de cachaça branca
100 ml de polpa de cacau
20 ml de xarope de maçã verde
Twist de siciliano (para enfeitar)

Modo de preparar
Molhe a borda do copo com limão, cobrindo uma área de aproximadamente 1 dedo de largura, e polvilhe com cacau. Reserve.
Coloque na coqueteleira a cachaça, a polpa de cacau e o xarope de maçã.
Acrescente o gelo e bata vigorosamente.

Índice de receitas

A

Abará **33**
Acaçá **77**
Acarajé **35**
Ambrosia **87**
Arroz com mariscos **51**

B

Batida de coco **103**
Batida de pitanga **103**
Bobó de camarão **53**
Bolinho de carne seca **42**
Bolinho de estudante **89**
Bolo de fubá cremoso **91**

C

Caipi 3 limões **107**
Caipi Gabriela **105**
Caipi Nacib **107**
Caldinho de camarão **37**
Caldinho de sururu **37**
Camarão empanado com molho de maracujá **39**
Carne de sol **55**
Casquinha de siri **41**
Cocada branca **93**
Cocada de forno com calda de abacaxi **95**
Cocada preta **93**
Cuscuz de tapioca **97**

F

Farofa de dendê **79**
Fritada de bacalhau **57**
Fritada de siri **59**

I

Ilhéus **109**

M

Moqueca de camarão **61**
Moqueca de lagosta **62**
Moqueca de peixe **63**
Moqueca de polvo **64**
Moqueca de siri mole **65**

P

Patinhas de caranguejo **43**
Pimenta **81**

Q

Quindim **99**

S

Salada de camarão **68**
Salada de feijão-fradinho **83**
Salada de frutos do mar **67**
Salada de polvo **69**
Siri mole frito **46**

T

Tapioca de carne seca com queijo **45**

V

Vatapá com camarão **71**
Vinagrete de polvo **47**

X

Xinxim de galinha **73**

A Editora Senac Rio publica livros nas áreas de
Beleza e Estética, Ciências Humanas, Comunicação e
Artes, Desenvolvimento Social, Design e Arquitetura,
Educação, Gastronomia e Enologia, Gestão e Negócios,
Informática, Meio Ambiente, Moda, Saúde,
Turismo e Hotelaria.

Visite o site **www.rj.senac.br/editora**,
escolha os títulos de sua preferência e boa leitura.

Fique atento aos nossos próximos lançamentos!

À venda nas melhores livrarias do país.

Editora Senac Rio
Tel.: (21) 2018-9020 Ramal: 8516 (Comercial)
comercial.editora@rj.senac.br

Fale conosco: faleconosco@rj.senac.br

Este livro foi composto nas tipografias Autography,
Hastafi e Sentinel, por Marcela Perroni/Ventura
Design, e impresso pela Imos Gráfica e Editora Ltda.,
em papel *couché matte* 115 g/m², para a
Editora Senac Rio, em agosto de 2022.